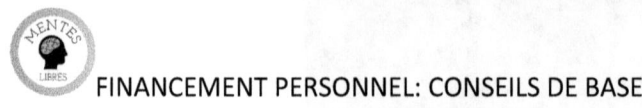
FINANCEMENT PERSONNEL: CONSEILS DE BASE

FINANCEMENT PERSONNEL

CONSEILS

DE BASE

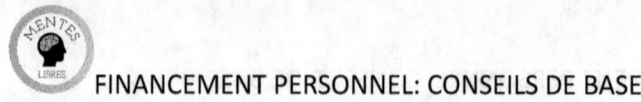

FINANCEMENT PERSONNEL: CONSEILS DE BASE

CONTENU

Introduction

Faites une évaluation

Fixer des objectifs pour une planification financière réussie

Décidez judicieusement de vos dépenses

Faire face à des montagnes de dettes et de crédits

Tout ce que vous avez besoin de à savoir sur les impôts

Sauter sur le bon régime d'assurance

Comment obtenir de l'aide d'experts financiers professionnels

Épargne et intérêts composés

Étapes d'investissement intelligentes

Conclusion

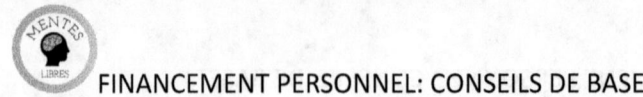

Introduction

Être au top et conscient de sa situation financière sera certainement un avantage que la plupart des gens devraient s'assurer d'avoir. Cette prise de conscience leur donnera la possibilité de tirer profit des situations si de bonnes affaires se présentent. Obtenez toutes les informations dont vous avez besoin dans ce livre!

Autonomisation de vos finances personnelles: Débloquer les principaux obstacles à la liberté financière personnelle

Lorsque vous connaissez bien votre situation financière, il y a toujours des domaines où cette connaissance vous aidera à créer de meilleures opportunités et plateformes d'investissement. Ces connaissances et une évaluation régulière peuvent également aider à transformer toute routine financière actuelle en une opportunité d'investissement en plein essor. Grâce à l'utilisation d'informations financières, vous pouvez également prendre des décisions qui garantissent une situation financière saine.

… FINANCEMENT PERSONNEL: CONSEILS DE BASE

Faites une évaluation

Cela permettra également de garantir une aide à la personne qui tente de freiner ses mauvaises habitudes de dépenses. Lorsqu'une évaluation active est effectuée périodiquement, vous serez éventuellement en mesure d'identifier les domaines qui nécessitent une attention ou un contrôle. Parfois, les informations tirées de l'exercice d'évaluation peuvent être vraiment choquantes, car elles éclairent généralement la situation de manière très détaillée.

La plupart des gens entreprennent l'exercice d'évaluation pour comprendre leur situation actuelle et comment ils peuvent faire des ajustements pour tenir compte des investissements futurs. Si la sécurité financière pour l'avenir n'est pas prise en compte, de nombreux problèmes se poseront au fil du temps lorsque la personne ne sera pas en mesure de subvenir à ses besoins et à ceux des personnes à sa charge.

Les évaluations financières peuvent également vous aider à prendre d'autres décisions plus importantes concernant votre mode de vie. Celles-ci peuvent prendre la forme d'investissements dans des biens immobiliers, des entreprises, des plans de retraite et tout autre type d'exercice financièrement avantageux. Grâce à une meilleure planification, vous pouvez ensuite explorer d'autres possibilités agréables telles que les vacances, les passe-temps qui nécessitent des engagements financiers importants, et tout autre engagement qui exige des dépenses financières importantes.

FINANCEMENT PERSONNEL: CONSEILS DE BASE

Fixer des objectifs pour une planification financière réussie

Idéalement, chacun devrait avoir une sorte de planification financière. Plus tôt vous commencerez cet exercice particulier, plus vous aurez de chances d'être en mesure de profiter des opportunités.

Par où commencer

Voici quelques-uns des éléments à explorer dans la poursuite de la fixation d'objectifs pour une planification financière réussie:

FINANCEMENT PERSONNEL: CONSEILS DE BASE

- La fixation d'objectifs financiers mesurables est un exercice qui doit être fait très tôt pour l'individu. Avec ce type de planification fermement en place, le but peut être atteint, car l'individu reste concentré sur les objectifs. Cela permet également de concevoir un plan qui comporte des objectifs très détaillés, dans leurs engagements de base.

- Il devrait également y avoir des objectifs financiers mesurables qui permettent à l'individu d'établir son budget en conséquence. La compréhension des implications des engagements financiers sera certainement un facteur nécessaire pour envisager les investissements dans leur ensemble. Étant donné que chaque investissement a une incidence sur l'autre, chaque détail doit être clairement défini lorsque le processus de définition des objectifs est en cours de planification.

- L'évaluation périodique de la situation financière et d'investissement de l'individu devrait être une pratique intégrée à tout exercice de fixation d'objectifs. Étant donné que plusieurs changements peuvent être intervenus après l'évaluation précédente, il serait prudent que la personne reconsidère les placements qui n'ont pas eu le rendement souhaité, ce qui lui permettrait de procéder à tout ajustement nécessaire qu'elle juge approprié.

- En planifiant le plus tôt possible, l'individu pourra explorer la possibilité de se fixer divers objectifs, ce qui lui permettra éventuellement de faire arriver ses investissements à maturité au moment opportun, peut-être à la retraite. Lorsque les options sont explorées avec un esprit réaliste, l'exercice de fixation d'objectifs permettra à l'individu de mieux faire face aux éventuels écarts de toute sorte.

Décidez judicieusement de vos dépenses

En matière de finances, la plupart des gens semblent avoir du mal à prendre des décisions sur la façon dont leur argent doit être dépensé et à faire des choix judicieux qui affecteraient leur avenir financier. De nombreuses informations sont disponibles, mais pour mettre de l'ordre dans vos finances, il faut trouver des moyens de les mettre à profit.

Ce qui se passe

Voici quelques conseils sur la manière de décider d'une habitude de dépense qui serait sage et prudente:

- L'un des meilleurs conseils que vous pouvez donner serait peut-être d'apprendre à utiliser le plus possible l'argent liquide, plutôt que de recourir à des cartes de crédit apparemment pratiques. Toute autre forme de transaction qui n'implique pas d'argent liquide a tendance à amener l'individu à dépenser sans avoir un montant clair et contrôlé à l'esprit, par conséquent, l'individu n'est souvent pas conscient de ses habitudes de dépense jusqu'à ce qu'il soit confronté à la carte de crédit ou à d'autres états financiers.

- Le report de l'achat d'articles qui impliqueraient de grosses sommes d'argent, à moins que la plupart ou la totalité du paiement puisse être effectué en espèces, est une autre façon prudente de gérer les finances. Cela l'aidera à mieux se concentrer sur l'épargne pour l'article en question et lui évitera également de devoir payer des taux d'intérêt phénoménaux lorsqu'il s'agit de rembourser un prêt.

- Apprendre à négocier le meilleur prix lors des achats est un bon moyen de dépenser judicieusement tout en obtenant la meilleure offre. Il aidera également l'individu à acquérir des compétences qui pourraient l'aider dans d'autres domaines de la vie. Elle permet également d'apprendre à prendre l'habitude d'être fort et de s'en aller si le prix ne correspond pas au budget.

- La conception d'un budget approprié et son respect rigoureux aideront l'individu à adopter des habitudes de dépenses prudentes. En effet, tout a été soigneusement planifié et clairement exposé, ce qui donne à l'individu une idée de chaque dépense engagée.

FINANCEMENT PERSONNEL: CONSEILS DE BASE

Faire face à des montagnes de dettes et de crédits

Lorsqu'on se débat avec une montagne de dettes qui ne semblent pas vouloir disparaître, peu importe les efforts que l'on fait pour mettre fin à cette habitude de dépenser, c'est généralement une affaire très stressante et compliquée.

Cependant, tout n'est pas perdu, car il existe des exercices qui peuvent être utilisés pour calmer la situation de la dette et du crédit.

Regardez bien

Voici quelques-uns des domaines à prendre en compte lors de l'examen de la gestion de la dette et des lignes de crédit:

- L'une des premières mesures à prendre est d'affronter la situation financière de front et de prendre le temps de comprendre la situation en détail. Ce faisant, l'individu est en mesure de prendre des décisions importantes et est certainement plus conscient de la meilleure façon de gérer la dette en envisageant des moyens viables de la réduire.

- Le fait de noter tous les chiffres financiers entrants et sortants aidera l'individu à faire certains ajustements et à prendre une décision éclairée sur les dettes qui devraient être grevées et priorisées par rapport aux autres. Cette décision doit être prise sur la base des intérêts perçus sur les dettes, ce qui permet d'une certaine manière de ne pas accumuler davantage de dettes.

- La possibilité de contacter les créanciers dans l'intention de réaménager la situation de la dette pour la rendre plus gérable sera également une option à envisager. La plupart des débiteurs sont prêts à aider, car cela signifierait en fin de compte qu'ils bénéficieraient eux aussi du paiement intégral de la dette. Le simple maintien des conditions de paiement actuelles ne sera pas utile et pourrait même causer plus de problèmes lorsque le montant initial n'est pas remboursé et que les paiements ne servent qu'à couvrir les intérêts encourus.

- Bien que cela puisse entraîner certains coûts, la recherche de l'aide d'un planificateur financier professionnel devrait également être envisagée comme une option pour trouver des moyens de gérer la montagne de dettes. Ces professionnels seront en mesure de fournir une meilleure vision de la manière de traiter les questions dans le meilleur intérêt de l'individu.

Tout ce que vous avez besoin de à savoir sur les impôts

La plupart des gens supposent à tort que les impôts sont destinés à être payés simplement sans défaut et selon les termes des formulaires ou des factures présentés. Rares sont ceux qui prennent le temps de comprendre le système de calcul des impôts, de sorte qu'il ne leur donne pas la possibilité de faire les réclamations qui contribueraient à minimiser les montants imposés.

Réduire les impôts

Si un effort concerté est fait pour comprendre les systèmes fiscaux, l'individu peut également trouver des possibilités de demander et d'obtenir des privilèges. Ces privilèges sont une bonne chose car ils remettent idéalement l'argent dans les mains de l'individu et permettent plus de possibilités d'épargne, où l'argent peut être utilisé à d'autres fins légitimes.

Voici quelques domaines qui peuvent être explorés dans l'intention spécifique d'essayer de réduire les impôts par le biais de privilèges:

- Les déductions peuvent être effectuées en réduisant les montants des revenus sur lesquels la personne est imposée. Les calculs sont effectués sur le revenu brut et ces déductions sont appliquées si le revenu brut tombe en dessous d'un certain montant. Il existe également des déductions qui peuvent être calculées lorsqu'il y a des conjoints et des enfants à charge dans l'équation. Ces dépenses encourues peuvent être utilisées comme un élément qui faciliterait les ajustements du revenu total, offrant ainsi une bonne plateforme pour capitaliser les déductions.

- Il existe également des possibilités dans certaines circonstances où les factures médicales peuvent être utilisées comme d'éventuels outils d'exonération fiscale. C'est surtout le parti dépendant qui subit une telle facture à long terme et il n'y a pas d'aide extérieure de la part de l'organe directeur. Les demandes d'inclusion de ces engagements financiers dans la liste des exonérations fiscales.

- Les dépenses personnelles peuvent également être utilisées pour demander des déductions fiscales, en particulier si certaines de ces dépenses prennent la forme d'un soutien à d'autres causes et œuvres de bienfaisance méritantes.

Sauter sur le bon régime d'assurance

Lorsqu'il s'agit de choisir la bonne couverture d'assurance, l'individu est souvent influencé par le discours de vente donné par l'agent qui tente de vendre la police. La confiance est grande, car la personne dépend fortement des conseils de l'agent qui vend le plan.

La plupart des gens ne prennent pas le temps de lire tous les détails de la police qu'ils souhaitent avant de s'engager financièrement à long terme dans le plan d'assurance. C'est bien sûr assez stupide, mais c'est souvent le scénario le plus courant lorsqu'il s'agit d'acheter un plan d'assurance.

FINANCEMENT PERSONNEL: CONSEILS DE BASE

Quel plan choisir ?

Voici quelques types de régimes d'assurance qui sont censés être plus utiles à l'individu et qui constituent un investissement à long terme approprié à envisager:

- Plans d'indemnisation : ils se présentent généralement sous la forme d'une franchise prédéfinie et offrent le plus haut degré de flexibilité en ce qui concerne les soins attendus et reçus.

- Preferred Provider Organization Plan : ce plan d'assurance fournit à l'individu une couverture santé pertinente qui provient principalement d'un ensemble d'établissements et de groupes désignés. Si la personne choisit de recourir à sa propre expertise médicale, la prime sera facturée en conséquence et sera généralement plus élevée.

- Plans d'organisation et de maintien des soins de santé : dans ce cas, il est possible de choisir le médecin de soins primaires à partir d'une liste prédéterminée de prestataires de soins de santé. Des demandes de remboursement peuvent alors être faites sur la police si les services d'un tel établissement sont demandés à un moment donné. Ce type de couverture est généralement assez général et peut ne pas vraiment couvrir des besoins plus graves ou spécialisés.

- Il existe également des plans d'assurance vie et des plans éducatifs qui peuvent être envisagés pour des raisons évidentes.

FINANCEMENT PERSONNEL: CONSEILS DE BASE

Comment obtenir de l'aide d'experts financiers professionnels

La plupart des gens travaillent dur pour pouvoir profiter des plus belles choses de la vie, ou au moins pour pouvoir mener une existence assez confortable. Il existe de nombreux engagements financiers qui requièrent l'attention d'un individu, et ces engagements augmentent de plus en plus vite à mesure que l'on s'aventure dans des besoins de dépenses plus importants.

Aide professionnelle

Obtenir l'aide d'un planificateur financier est parfois non seulement judicieux, mais peut être nécessaire pour éviter que la personne ne s'engage trop financièrement. Certaines des décisions prises pourraient rendre la situation de l'individu inutile et paralysante à long terme.

Voici quelques-uns des domaines dans lesquels un expert financier sera en mesure de fournir des conseils appropriés afin que la personne dispose des informations nécessaires pour faciliter un choix éclairé sur un régime d'engagement financier:

- Un professionnel de la finance pourra donner des conseils sur les investissements prévus, car ses connaissances dans ces domaines seront plus approfondies et plus détaillées. Des conseils appropriés aideront l'individu à faire un choix meilleur et plus éclairé des investissements appropriés. Ces professionnels sont capables de calculer les risques et de présenter des chiffres qui équilibreraient bien l'investissement pour montrer les bénéfices ou montrer une perte possible si l'investissement n'est pas prudent de s'engager.

- Les experts financiers peuvent également fournir des conseils et des informations sur les plans de retraite et autres engagements financiers, qui permettraient à l'individu de bénéficier d'une qualité de vie identique ou similaire pendant la phase de retraite. L'assistance fournie dans ce domaine permettra à l'individu de prendre de bonnes décisions sur la base des informations apprises.

FINANCEMENT PERSONNEL: CONSEILS DE BASE

Bricolage avec les logiciels de finances personnelles

Pour ceux qui maîtrisent l'internet, il existe également de nombreuses autres options où l'individu pourra se procurer le logiciel qui permet d'explorer l'exercice de planification financière. C'est l'idéal pour ceux qui n'ont pas vraiment le temps de rencontrer un planificateur financier personnel ou qui ne veulent pas être dérangés par des sollicitations non désirées.

Aide sur les logiciels

Ce logiciel de planification financière peut donner lieu à différents investissements et conseils, en fonction des informations fournies par le client, qui est dans ce cas la personne qui demande cette aide. Les plans d'investissement proposés sont généralement conformes aux informations fournies par l'individu et sont donc plus adaptés, car tous les plans possibles sont étudiés avant que le plan approprié ne soit adapté aux capacités financières de l'individu.

Des instructions détaillées pour tous les logiciels financiers permettront à presque toute personne ayant une connaissance de base de Microsoft Excel d'utiliser le matériel fourni de la meilleure façon possible sans avoir à supporter les coûts élevés qu'implique l'utilisation d'un planificateur financier. De nombreuses comparaisons peuvent être facilitées par le logiciel financier en tapant simplement les différents scénarios et cela peut se faire à l'infini. Il n'est pas possible d'épuiser les limites du logiciel en lui fournissant des informations financières variables ; souvent, cependant, cela n'est pas possible avec un planificateur financier, car la personne serait vite irritée et épuisée par tous les différents styles que le client veut essayer.

L'un des logiciels les plus populaires qui est souvent utilisé est la suite logicielle de planification financière entièrement intégrée qui fournit tous les éléments suivants : options de logiciels de retraite, projections de budget et de flux de trésorerie, projections de valeur nette, projections de plusieurs étudiants universitaires.

Planification et projections complètes de la répartition des actifs. Ces logiciels sont reliés entre eux pour une intégration complète et sont parfois capables de fournir une assistance plus compétitive que le planificateur financier.

FINANCEMENT PERSONNEL: CONSEILS DE BASE

Épargne et intérêts composés

La plupart des gens aimeraient pouvoir profiter au maximum d'un montant d'épargne, mais ce n'est pas toujours possible, car peu de gens sont conscients des avantages qu'il y a à choisir un plan d'épargne approprié qui offre de telles "récompenses".

Quel est le plan qui vous convient le mieux?

En ce qui concerne le plan d'épargne qui permet aux intérêts de s'accumuler puis de s'accumuler, il vaut la peine de consacrer du temps et des efforts à l'approfondissement de cette question. En termes très simples, cela signifie que les intérêts générés par le plan d'épargne permettront à la personne de bénéficier d'un montant d'intérêt supplémentaire en plus des intérêts existants. Bien que cela puisse sembler très théorique, il est possible de trouver des plans d'épargne et d'intérêts composés qui répondent aux besoins d'engagement financier de presque tous les investisseurs.

Le concept de base appliqué à ce type de plan serait idéalement de mettre de côté une somme fixe, aussi petite soit-elle, à déposer dans un plan d'épargne qui alimente la plate-forme d'intérêts composés. Lorsque cet engagement est sérieusement mis en pratique sans aucune possibilité d'hésitation, les montants accumulés peuvent être assez étonnants et cela contribuera à motiver la personne à y rester plus longtemps et plus assidûment. L'idée principale de ce style d'épargne serait de garder l'argent dans les plans d'épargne le plus longtemps possible et de s'assurer que la facturation est faite de manière ferme et engagée.

Les taux d'intérêt de ces plans sont généralement calculés sur une base quotidienne, ce qui présente une meilleure option globale pour la personne intéressée à capitaliser sur les petites sommes investies.

Étapes d'investissement intelligentes

Il est possible de faire des plans d'investissement intelligents sans trop de complications et de paperasserie détaillée. La clé des plans d'investissement intelligents réside principalement dans la capacité à comprendre et à prendre des décisions intelligentes. Prendre le temps et l'effort de bien comprendre le plan d'investissement avant de s'y engager serait le meilleur moyen de concrétiser l'idée d'un investissement intelligent.

Quelques conseils

Voici quelques points à considérer dans la quête pour s'assurer que les investissements réalisés sont bénéfiques pour l'individu, à la fois dans leur forme actuelle et dans le scénario à long terme:

- Le plus important exercice d'exploration à entreprendre est peut-être de s'assurer que l'effort de compréhension des exigences et des avantages particuliers dictés par le plan choisi. Sans cette connaissance, l'individu baserait son engagement sur les rumeurs des autres et cela peut être fou lorsque les paiements ne correspondent pas à la promesse perçue du plan.

- Ne vous laissez pas bercer par un engagement financier tant que tous les aspects du plan n'ont pas été pleinement compris. Beaucoup de gens sont tellement dépassés par le discours de vente présenté qu'ils ne prennent pas le temps de lire vraiment les petits caractères du plan présenté.

- Ils se méfient toujours des plans qui annoncent des avantages "gratuits", car ceux-ci sont souvent liés à d'autres engagements qui ne sont normalement pas expliqués et peuvent ne jamais être réellement explorés avant que l'occasion ne se présente, lorsque les éléments "gratuits" sont invoqués par l'investisseur. Dans la plupart des cas, c'est seulement à ce moment-là que l'investisseur découvre que l'ajout "gratuit" n'est pas vraiment perçu comme tel.

- N'oubliez pas que vous ne devez vous engager qu'à ce qui peut être payé à ce moment-là. Se surcharger n'est pas une bonne idée, car cela pourrait amener l'individu à ne pas honorer son investissement et à perdre tout ce qu'il s'est déjà engagé à faire.

Conclusion

Garder un bon contrôle de vos affaires financières peut parfois être une tâche très difficile. L'utilisation des conseils ci-dessus devrait devenir une promenade dans le parc. Commencez à mener une vie beaucoup plus confortable, cessez de vous préoccuper des finances et profitez de la vie!

FINANCEMENT PERSONNEL: CONSEILS DE BASE

Visitez notre site web! Obtenez d'autres livres de MENTES LIBRES!

https://www.amazon.fr/MENTES-LIBRES/e/B08274DDV4?ref_=dbs_p_ebk_r00_abau_000000

Si vous le souhaitez, vous pouvez laisser votre commentaire sur ce livre en cliquant sur le lien suivant afin que nous puissions continuer à nous développer! Merci beaucoup pour votre achat!

https://www.amazon.fr/dp/B0899BQCP9